AF451512

DISCOVRS

fauroable & instructif

De la Coquelu-

CHE, ET AVTRES MA-

LADIES POPVLAIRES QVI

ont heu leurs cours à Poictiers les
mois de Iuin & Iuillet derniers.

PAR

Iean Coytard de Thairé, Conseiller & Medecin
du Roy, Doyen de Medecine audict Poictiers.

Auquel est adiousté vn aduertissement tref-vtile
pour ceux qui auroyent eu la Coqueluche,
& n'auroyent esté purgez.

A

Messire Iean Gaillard Docteur en Medecine de
Montpellier, demourant à Bressuyre.

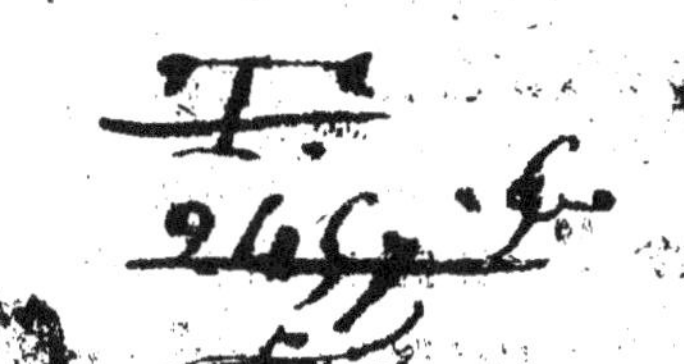

A POICTIERS,

Par Aymé Mesnier.

AD CLASSICVM, ASSI-
duumque medicum Io. Coytardum.

Cùm toties naulo fruſtres, Coytarde, Charontem,
    Quid tibi, ſi ſaltus expetis Elyſios:
Chara Charon caro vendet tibi ſtamina naulo,
    Quamque alijs dederas, ipſe negabit opem.
At video, in ſtygiam tibi quæ fiducia ripam:
    Tuta fame enecto vela Charonte paras,
Liber at ille fame ſi vixerit, en tibi naulum
    Reddita vitarum millia mille dabūt:
Millia mille dabunt vitarum reddita naulum,
    Hic tua mancipio quæ liber eſſe iubet.
Immò es it iſte liber Lethæo flumine liber,
    Tu quoquæ Lethæo flumine liber eris.

QVATRAIN.

Minos ſenfloit le cœur d'vn eſpoir de butin
    De veoir pauer les champs d'vn camp de Co-
queluches,
Mais Coytard defillé du ſommeil au matin
    Reprendra de Minos les trop auares cruches.

Ian Edouard du Monin. PP.

MONSIEVR i'ay esté
tres ayse d'auoir enté-
d¹ de vos nouuelles, &
aussi de la bonne opi-
niõ que vous auez des
Docteurs de nostre College de ceste
ville de Poitiers, pour vous donner aduis de ce que auons congneu & obser-
ué es malades & teneur des maladies .1.
Epidimiques & contagieuses, qui ont
trauaillé indifferemment le peuple de
ceste Ville de quelque condition, qua-
lité, aage, ou sexe, qu'il fust, depuis le
moys de Iuin dernier passé iusques au-
iourdhuy quinziesme d'Aoust mil cinq
cens quatre vingtz : & qui est l'essence .2.
desdictes maladies, & si elles sont sim-
ples ou composées ; si elles procedent .3.
de l'iniure de l'air ou du mauuais regi- .4.

A ij

me du peuple, & la curation d'içelles.
Afin qu'il vous fuſt plus aiſé de con-
gnoiſtre ſi telles maladies qui ont heu
leurs cours en ceſte Ville, ont quelque
conformité auec celles qui regnent à
preſent à Berſſuire. Vous m'auez faict
grãd plaiſir de me mander bien au lõg
la forme & teneur des maladies populaires de voſtre Ville, auec les ſimptomes d'icelles. Car auſſi par la ie confe-
reray les ſimptomes de vos maladies,
auec les ſimptomes de celles qui ont
affligé & affligent nos citoyen. Dont
ie me ſuis reſſenty, & ſi ay experimẽ-
té par troisiours la plus grand part des
ſimptomes que vous mãdez: Qui ſont
qu'en voſtre Ville de Berſſuire, les patiens ſont ſaiſiz quelques iours dauant
que d'eſtre arreſtez d'vne grande l'aſ-
ſitude de iambes, & de reins; leſquelz
en fin tombent en vne fieburé cõtinue,
auec vne toux, pour quelque iours aſſez ſeiche, puis les patiens crachent,

tantoſt plus cler & cru, tantoſt plus
cuict, quelque-fois les autres ne crachent qu'à peine, & apres auoir beau- Spu-
men.
coup de fois eſſayé de pouuoir attirer
des poulmons auec redoublement de
toux, l'humeur qui eſt la dedans con-
tenu & enfarci : & toutesfois aucuns
d'iceux ne crachent que le plus ſubtil,
& le plus gros demeure , & iceux
ont alteration grande , les vns benefi-
ce de ventre , les autres non, quelques
vns ont des inquietudes grandes , &
ſueurs froides es parties extremes principalement;les aultres ſueurs chauldes Pulſ-
ua.
particulieres,les autres vniuerſelles,les
vns ont le pouls aulcunement medio-
cre,& nõ eloigné du pouls acoutumé,
par leur ſanté;les autres plus frequãt le
ger,eleué,inegal, & quaſi vndeux,frap-
pãt fort le doy du Medecin qui les tou-
che, aucũs ont leurs vrines aſſez belles Vri-
na.
& approchátes des vrines d'eulx meſ-
mes quand ilz ſont ſains , les aultres

fort mauluaifes, felon que la maladie
eft benigne ou mortelle. Nous auons
obferué prefque tels fignes que vous
aues efcrit felon la diuerfité & compli
cation des maladies qui fe mefloyent
parmy la Coqueluche : & femble que
telles diuerfitez de fignes & fimptomes vo⁹ ayent faict iuger qu'aucūs fót
attains de fiebures peftilentes, attendu
mefmemēt qu'aués obferué apres leur
mort, les vns auoir vn cofté plus violet
ou plus tané, ou noir : & auffi qu'auez
obferué, qu'en vn fort bon nombre
qu'auez traicté, il ne vous eft apparu
qu'en deux ou trois, efquels ils fuft for
ty du pourpre liuide, lefquelles cou-
leurs violettes, liuides, & noires, de-
monftrent affez l'humeur chault, qui
auoit caufé l'inflamation à vn tel cofté
que les anciens appelloient Sydera-
tos. Et combien, que famedy dernier
ie vous fis quelque refponce fuccinte
à partie des articles que m'auez efcrit,

selon l'incommodité du temps & des
affaires qui m'enuelopoint. Et pour
supplier au deffaut de ma lettre, ie vo°
enuoiay le petit traicté qu'auroit re-
digé par escript par l'aduis de noftre
college Monfieur Sacher homme do-
cte & dernier receu en noftre ordre:
par l'aduis & commū accort de la fa-
culté affemblee en nos efcolles : pour
aduifer au mefme fubiect , & donner
aduis fuiuant la priere que nous auoiēt
faicte aulcuns des Meffieurs les Magi-
ftras, de cefte ville : affin q'vn chafcun
fe preparaft pour empefcher que la cō
tagion ne gaignaift d'auantage fur les
habitans de cefte ville, & qu'il ne fe me
lingeaft vne Pefte parmy telles maladies populaires, & que par entrenous,
nous pourueuffions & miffions par ef-
cript certains & propres remedes, def-
quels nous euffions à donner certains
formulaires aux Appoticaires, qui s'en
tiendroient garnis & preftz, Le cas ad-

uenant de la pestilence. Et parce que le discours dudict Sacher est en Latin, & que plusieurs Appoticaires & Chirurgiens, ou Barbiers des villes inferieures, & bourgades du comté de Poictou, qui n'ont pas l'intelligence de la langue Latine, se trouuent fort empeschés des estranges accidentz, & de la mort, qui surprent la plus part des malades premier qu'ilz soient secourus, suyuant l'exigence complication, & grandeur de leurs maladies, m'auroiēt aucuns escrit, pareilles lettres que les vostres, & de Partenay, & de Myrebeau, & dĕ Coué, & d'aultres villes, & bourgades circunuoisines. Les aultres seroient venus par deuers moy pour me demander vn semblable aduis. Esquelz iaçoit que ie leurs aye donné conseil suyuant ce qu'ilz m'ont proposé, & que ie suis aduerty que telles maladies populaires se sement & diuulguent par tout ce Clymat & contrée.

Toutefois

Toutefois il ma semblé bon que l'aduis que demandés de nostre college
ne soit point seulement profitable
pour ceux de Bressuire, ne de Partenay, ny de Mirebeau, ny de Mont-
morillõ, ny de Coué, & autres circon-
uoisines: Mais generalement à toutes
Bourgades & autres villes ou il ny auroit si bon nõbre de gens doctes Medecins & si experimentez comme il ya
en ceste ville. Lesquels Barbiers & Ap
pothicaires ayantz en main, & en leurs
langage familier, ce que nous auõs co-
gneu & experimenté tant de l'essence .1.
de la maladie, que des causes des diffe- .2.
rences, des simptomes) des pronosti- 2. 3.
ques, & de la maniere de les curer tant .3.
par bon & certain regime, que par les .1.
moiens ordinaires & extraordinaires 2. 3.
de la medecine. S'ilz recoipuent quelque bien & profit de nostre aduis &
conseil, ilz seront tenuz de rendre graces à Dieu premierement, & puis à la-

B

Amitié qui eſt entre vous & moy de lõg
temps encõmencee, pour laquelle en-
tretenir ie ne vouldrois vous faillir en
ceſte partie de mon debuoir.   Iauois
prié monſieur Sacher de tourner ſon
petit Diſcours (quʼil auoit mis en latin)
en francois, lequel mʼa faiçt reſponce
quil auoit beaucoup dempeſcheméts
qui le retardoient & empeſchoient de
ce faire. Parquoy en ſõ lieu encore que
ie ſuis aſſes occupé à dautres negóces
iʼay voulu toutefois ſoubuenir au pu-
blic, en ce qui mʼa eſté poſſible.   Et
pour tant ceſte année icy, ont eu leurs
cours pluſieurs ſortes de maladies populaires: dont lesvnes ont cõmécé des
le moys de Iuin, les aultres au moys de
Iueiller, comme la petiteverole, la rouiolle, la picotte, la platte, & le pourpre.
Iʼappelle la picotte (ſuiuant le vulgaire)
quand il ſort vne infection au cuir ſeiche & aride, faiſant petites tumeurs
frequentes, & preſque ſatouchãtes lu-

ne lautre, grosses côme la teste d'vne
petite epingle, rendãt le cuir fort apre,
rude & inegal, auec fiebure semblable
à celle de la Rouiolle. Iay apris aussi
du vulgaire, que la platte, sont tantost
tumeurs plattes & larges, de figure &
couleur de petite Verolle; tantost grã-
des taches larges côme vn demi douzain, quelque fois comme vn douzain,
seulement tachantz & maculãtz le cuir
de couleur rouge & iaunatre ou tanee,
selon le renuoy de l'humeur, quen fait
nature au cuir. Or de ces maladies populaires, les vnes ont esté seulement
Epidimiques, sans contagion, quelque
soit bien peu, les aulttes auec conta-
tagion, se communiquant de l'vn à lautre. Vne grande partie a seulement esté
Sporadique, c'est quelle ne prenoit pas
indifferemment vn chascun : mais icy
vn, quelque foys la vn aultre, comme
les Ophthalmies (quoñ appelle vulgai-
rement la deffaicte) ou le mal des yeulx:

à quelques aultres , l'Otalgie, qui eſt
douleur doreille : aus aultres quelque
flux de ventre:aus aultres de grandes
Emoragies & flux de ſang par le nez :
Aus femmes trauail de la matrice, ſuf-
focation d'icelle, & grand vidange de
ſang par les parties ſecretes : & telles
maladies ont duré iuſques à ce que la
coqueluche ſoit ſuruenue en ce moys
de Iuillet, laquelle a eſté ſi furieuſemét
perſecurâte tous les citoiés, que quãd
elle ſaiſiſſoit aucun d'vne famille, bien
toſt apres tout le reſte eſtoit trauaillé
de preſque ſemblable maladie,& toutefois bien peu ſont mors.Ie d'y preſque ſemblable,par ce que ſuiuãt la Ca-
cochimie moindre ou plus grande des
patiens, ſe compliquoiét diuerſes maladies & diuers ſimptomes, comme il
ſera deduict cy apres.Et puis que vous
l'appéllés auſſi bien Coqueluche cóme
nous faiſons icy , & comme il nous à
ſté raporté qu'on lappelle à Paris , à

Orleans, à Chartres, à Tours, & Cha-
telerault, & telles aultres villes, ou tel
mal a pullulé:ie ne craindray point de
lappeller Coqueluche sans m'arester à
ceulx qui vouldroient lappeler, Gra-
uedinem anhelosam, parce que graue-
do est vn humeur qui d'istille de la teste, & bouche les conduicts des naze-
aulx, & rend la voix rauque, & esmeult
vne toulx seiche, selon Celse en son
quatriesme liure; & Coqueluche est
vne intemperature fort chaulde des
membranes, humeurs, espritz (ou sub-
stance) du cerueau, & singulierement
des espritz & sang contenus és veines,
& arteres qui sont és membranes d'i-
celuy:non toutefoys si excedēte & de-
mesurée chaleur quelle cause solution
de continuité; Mais ouy bien grande
douleur, qui est le sentimēt de l'alteration & immutation griefue, vehemēte
& triste, quelque fois à flot & quelque
fois auec violence faicte en vne partie

sensible du corps. Laquelle douleur est
tantost tensiue, tantost pulsatiue, tantost inflammatiue , tantost vulcereu-
se, poignante, ou aultre semblable selon l'humeur ou complication d'humeurs, estants attouchés par l'iniure de
l'air & suiuant l'analogie & alteration
d'iceluy , laquelle alteration prouient
de la constellation præcedente , comme d'eclipse de Lune, qui auoit prece-
dé des le mois de Ianuier , ou des op-
positions de Mars & de Saturne, & autres malings aspects des astres , auec
certaines parties du corps de l'hõme ,
par laquelle analogie , ceste annee icy
la teste(i'entés le cerueau les membranes les humeurs & esprits contenus
en icelle) sont affects & alterés plustost que tels humeurs & semblables,
contenus en autres parties du corps,
auec lesquelles parties, l'air alteré &
l'influãce n'apoint d'analogie. Car cest
vne authorité fort souuant repetee des

Philofophes, & Medecins , que nulle
caufe ne peut agir, fans laptitude &
preparation des corps qui recoyuent
l'impreffion; ou aultrement tous ceux
qui marchent ou trauaillent es jours
Caniculaires fouz la grand' ardeur du
Soleil, tomberoint indiftinctement en
fiebure,comme ceux qui fe meuuent
par trop violemment, ou qui boiuent
ou fe couroucent de mefurement:fem-
blablemét tous ceux qui feschauffe-
roient par trop es dicts iours Caniculaires, feroient malades & mouroient
de Pefte, fi l'air eftoit peftilent; Mais
nous voiós tous les iours du contraire;
& partát,il faut que parcideuát le cerueau fe foit rempli de beaucoup,& de
diuers humeurs; lefquels,par L'analogie de l'air (comme dict eft) & pour la
proximité du fang & efpritz efchaufez,
(non pourtant putrefies & corrumpuz)
auroient eftes rechaufez, fondus, &
liquifiés,quoique foit la plus part; pen

dant laquelle liquefaction, se seroit engendré grande quantité de fumees &
de vapeurs, lesquelles auroient estādus
les membranes & le cerueau : dont la
grande douleur tensiue, seroit sentie
iusques à la racine des yeux : de telle
façon, qu'en diuers personnages ont
esté sentis & appercuz, diuerses douleurs; les vnes plus grandes, les aultres
moindres, les aultres mediocres; & les
humeurs ainsichauds, subtilisés, acres
agus, & mordantz, decoulantz du cerueau par le gosier, & artere dans les
poulmons, ont engendré vne grandissi-
me douleur à la gorge, auec chaleur,
Erosion, elancemens, difficulté d'aua-
ler la saliue, & à plus forte raison le
māger & le boire: laquelle douleur auroit plus souuant attiré à soy, l'ayde du
Medecin, pour secourir tel accidēt; que
non pas de regarder & appliquer les
remedes es aultres simptomes, qui ac-
compaignent l'intēperature des corps
&

& espritz contenuz on dict cerueau, & telle fluxion d'humeurs decoulés dãs les poulmons (du commencement, estantz subtils & chaulds) à engendré la toux seiche, & la fiebure par la communication de sa chaleur au cœur, & aussi pour l'obstruction des bróches & arteres du poulmõ. Encore que la grãde chaleur du sang & esprit du cerueau, estant communiquee par les veines & arteres au cœur, soit suffisante de engendrer telles fiebures d'yaires, & synoches non putrides: Toutes-fois telle descente d'humeurs chaultz es poulmontz, est comme vne seconde cause, (accessoire) d'aduancer lesdictes fiebures: Puis quand l'humeur à esté ramassé & aulcunement engrossy; lors par la toux plus forte, & pour la necessité de la respiration du cœur, les pacientz ont craché plus espoix & vn peu rougeastre ou bilieux: puis estant plus trauailles de courte allaine, de douleur de

teste, de grande fiebure,& de soif que
au commencement : le tiers iour par
sueurs vniuerselles,aulcuns estoint lais-
ses sans fiebures: les autres par hæmor-
rhagies par le nez, les autres par flus
de vêtre,& certaines femmes par erup-
tion de leurs mois : & telles fiebures
doncques estoient especes de diaires
longues,ou sinoches non putrides. Il
y a quelcũs lesquelz ayantz la fiebure,
douleur de teste,& de gorge bien forte,n'ont toutesfois aucunement tous-
sé,parce que l'humeur estoit par trop
subtil,& en petite quantité. Puis apres
les autres humeurs(& principalement
la bile flaue) se seroit tant augmentee,
& eschauffee,qu'il se seroit engendre
par telles fluxions decoulantes,nõ seu
lemẽt par lārtere es poulmons, Mais
aussi par les veinesaux pleures,& entre
les costez,& dessus les costes, especes
de Pleurisies, tantost vrayes,tãtost fau
ses,parceque par le dehors y touchant

le patient sentoit grãdissime douleur,
auec toux & difficulté de respirer, lors
qu'on le prioit de tirer son alaine à soy;
& y appliquant les remedes ordinaires
dedans le troisiesme, ou 4. iour aprés,
la douleur s'appaisoit & delaissoit telle
partie, & se transmuoit quelque fois
dedans les poulmons, qui tuoit le patient le 11. ou 14. iour; lequel patient 3.
iours auparauant son deces, disoit ne
sentir aulcune douleur; Mais toutesfois la fiebure continue & vehemente
le brusloit incessamment, & lacheuoit
de faire mourir, & ce qu'il ne s'entoit
plus de mal au costé, estoit vn signe
que les facultes estoiét des ja estincees
& surmontees, par la grandeur & ma-
lignité du mal; quelque aultre foys, &
en plusieurs maladies, & envrayes pleuresies, les humeurs (apres les remedes
d'heuement & selon l'art appliqués) se
feroient transmués & appuies sur le
brechet, au bout du Mediastin, où il

atouche le ᴅiaphragmé, auec douleurs
insupportables, difficultes de respirrer
angoisses, & inquietudes, inapetances,
& grande difficulté de toux : es autres
les reins ont esté tellement trauaillés
de douleurs, de chaleurs, de distentiós
que les pauures patientz ne pouuoiét
se tourner, ny durer peu de temps soir,
ou sur les reins, ou sur les costés, bref
il nous faut cófesser ce que nous à laissé par escript Gal, sur le 3. des Epidimies, qu'en toute constitution d'air
pestilent, toutes les parties du corps
humain d'vn chascun, ne sont saisies
d'vne mesme espece de mal & de douleur : parceque tous nont pas semblables parties distemperees, ou remplies
de semblables humeurs prepares à re-
cepuoir l'malogie & corruption de la
malice de l'air: Car les vns encore qu'-
ilz soient frappes de peste, n'ont pas
pour cela tous la peste à la gorge, ou
es aisselles, ou es aygnes, ou en autre

parties de leur corps;ny moins les pu-
stules Liuides ou noires , ou appelléz
bienfaict,au dessus,ou au dessoubs les
bubons pestiferez,charbons ou antra-
cs : ains les vns ont des Ophthalmies
pestilentes,les autres des inflamations
ou Erysipeles au cerueau , ou es oreil-
les , les aultres des Aphtes en la bouche, les autre des disenteres, & liente-
res, les autres dissuries & ischuries , &
tenesmes. Es femmes,tous ces maulx
cy dessus nommés , & en outre grand
flux de sang,ou suppressió de leur flux
ordinaire. Et telles maladies ne suruié-
nent indifferemment à tous par vne
mesme constitutió d'air pestilent;mais
seulement à ceux qui ont telles parties
des quelque temps au parauant affoi-
blies,& chargees de quelque humeurs
outre le naturel:Car nous voyons bié
sans constitution de l'air pestilent,tel-
les maladies suruenir asses souuant es
hommes; Mais elles ne sont ny Epidi-

miques, ny contagieuſes, ny peſtilêtes.
Parquoy nous faut aſſeurer que nul a-
gent faict action, ſans la diſpoſition du
ſubiect, auquel ſe faict l'action. Et con-
ſideré ce que deſſus, il eſt aiſé à conclu-
re, & que le mauluais regime precedât,
& l'inegale & diuerſe conſtitution , &
temperature de l'air precedâte, qui au
roit eſté chaulde & ſeiche au mois de
May dernier, puis pluuieuſe venteuſe
& froide au mois de Iuin, de rechef
grandement exceſſiue en chaleur &
ſeichereſſe en Iuillet, auroit remply &
diſpoſe les corps à receuoir plus próp
tement l'influence de laſtre imprimee
en l'air. Ie adiouſterois les vins vieulx
fortz, de l'annee paſſee, puis les nouue-
aux vers & plus froictz; Mais cela ou-
trepaſſeroit le debuoir de ma lettre, &
auſſi que vous entendes aſſez le texte
du 6. Chapi. du premier liure des dif-
ferences des fiebures, où tels propos
ſont traictes plus au long: Cóme auſ-

fi ilz font bien au long efcriptz au premier & au tiers liure des Epidimies par
Galen, ioinct que la Coqueluche à trauaillé aufsi toft les petis enfãs, & ceux
qui ne beurent iamais de vin, comme
ceux qui en boiuent, qui eft vn argu-
ment euident que cefte Coqueluche,
prouiét pluftot de l'iniure de l'air, que
non du mauuais regime de viure. Il y à
doncques deux fortes de Coqueulu-
che, la premiere eft benigne & fans malings fimptomes, auecques fiebure di-
aire ou finoche nõ putride, & telle Co
queluche fappelle fimple, & de facile
curation, n'ayant en foy complication
d'autres maladies: Et à telle le plus fou
uant nous ny auons rien faict, feulemét
à aulcuns au 2. iour bailllions quelques
petit cliftere refrigeratif, & quelque
fyrops de iuiubes ou de capil vene, Et
eftoient gueris, auec grandes fueurs le
3. iour, ou par grande æmorrhagie par
le néz. La toux ne ceffoit toutefois de

perseuerer encore quelques iours a-
pres , dont les patiens n'en tenoint
grand comte. Lautre espece de Coqueluche, estoit compliquee d'aultres maladies, auec de grand simptomes plus
pernitieux & mortels , que non la maladie de soy: Car auec la Coqueluche,
suruenoit le 3. ou 4. iour la pleuresie,
tantost au costé droict , tantost au costé gaulche , faisant douleur à aulcuns
tantost par le dehors, laquelle apres la
seignee & fomentations le plus souuãt
se rãtroit par dedãs du corps à la pleure, faisant de grandissimes douleurs qui
augmentoient la fiebure d'auãtage, &
la rendoient putride auecque plus forte difficulté de respirer, & la toux plus
frequente , & plus vehemente , auec
crachement de sang a aucuns, es autres
quelq; peu de bile flaue, & si le 7. iour
telle douleur se rapaisoit, quelques vns
guerisoient: Les aultres apperceuoiet
la fiebure s'augmenter de plus en plus
auec

auec plus grande difficulté de respirer,
pour raison de l'inflammation du poulmon qui se faisoit ; & la plus part de
ceulx la mouroient le 11.iour, ou autre
iour suyuant (s'ilz n'estoiét bien secourus des le commencement , & qu'ilz
ne feussent bié obeissantz aux Consei-
ls des Medecins) & à tels malades,
soit de Pleuresies, soit de Pnémonies,
& si nous estions appellez du commá-
cement , soudain que connoissions le
mal de costé,nous ordonnions Cliste-
res lenitifs & refrigeratifs, puis faisions
saigner du bras du costé de la pleuresie,& secõder si besoing estoit , voyre
tierceer,ainsi que la grandeur & mali-
gnité du mal exigeoit , & la vertu du
patient pouuoit porter: Et vne heure
apres la saignee & secondation donnions vne potion Bezoardique, auec
eau de Chardon benist,de Rieble, de
Croizette, ou eau de Vinette ; Auec
sirops de Capil. vene.de limons, & vn

D

scrupule de pouldre de D'iamargaritũ
frigid; Et quand à moy, ie ne craignois
la chaleur du chardon benist(qu'elle en-
flammast dauãtage le sang, & le cœur,
ou que excitant la sueur, elle ne fist fon-
dre les humeurs) parce que la chaleur
d'iceluy chardon n'est que au second
degré(encore biẽ peu de gens doctes,
luy ont voulu assigner tel degré),
& parce qu'il à proprieté contre le
venin & infection de l'air; Ie donne
hardiment de l'eau dudict Chardon à
boire aux patiẽtz frappes de peste, de
pleuresies, & autres maladies venetieu-
ses en la maniere susdicte, & quelque-
fois auec vne demye dracme de Metri
dat vieil, auecques vn heureux succes.
De rechef nous ouuriõs la mesme vei-
ne, puis faisons des fomentations sus
ledict costé(si la necessite le requeroit
& que la maladie fust encore à son cõ-
mancement, (car par apres, la fomen-
tation eust plustost augmenté le mal,

que non le mitiguer, la fomation se faisoit de la decoction de petites malues, · 1 ·
violettes de Mars, Camomille, ane- 2 · 3 · 4 ·
th, & graine de lin, appliqués medio 5 ·
cremét chaults: puis gressions le costé
d'huille damandes doulces, de viollet
tes de Mars , ou d'huille de lys, & de
beurre frais selon que le negoce requeroit, Et si nous voyons qu'il fust expe-
diét, nous faisions des Cataplasmes de
telz ingrediantz, y adioustant de la fari-
ne dorge de l'huylle violat & de lys,
& delaissiós la lesdictes fomentations,
& diuertissions par Clystere lenitif
& refrigeratif l'humeur peccant de 3.
iours en 3. iours, & dressiós des Iuillets
approchans à celuy qui s'ensuit. Rx.
radicis graminis & aspargi ana. ℥j. ß. radicis tunicis tormentillæ scabiosæ, morsus
Diaboli, acetosæ, Buglosæ cum radicibus.
ana. m. j. ß. Adianthos, polit. ana. vnum
man. Glycyrrhisæ, passularum munda-
tarum ana. ℥j. iniubarum numero 12.

seminis portulacæ, endiuiæ, acetofæ, berberis ana. ʒij. anifi. m. ʒj.ß. cornu cerui puluerifati ʒiij. feminis citri & cardui benedicti ana. ʒij. trium florum cordialium. ana. p.j. fiat omnium decoctio secundum artem, in colaturæ libra j. diſſolue fucci aranciorum ʒij. firupi cap. vene. iuiubarum ana. ʒij.ß. fiant. 4. Iulepi clarificati & aromatifati cinamomo, capiat bis in die mane & hora 3. pomeridiana. Et fi la vertu du patient le permettoit, nous donnions l'efprit de deux dragmes de rheubarbe auecques demie vnce d'electuaire lenitif ou catholicõ, & vne vnce de fyrops de rofes folutif plus õu moins felon la vertu du patient. Ie ne vous efcry rien des gargarifmes que no' faifions pour le mal de gorge, parce qu'ilz font à vn chacun fort connus, cõme aufsi les vnctions fus la poictrine & les ventoufes pour les diuerfiõs appliquees fus les efpaules, & quelques fois (quand il eſtoit foupçon de l'inflã-

mation de poulmō)au mittã des deux
eſpaules auecques ſcarification. Quãd
la pleureſie ſe tournoit en Pneumonie
ou ſi du commencement & au 3. iour
la Pnemonie s’engendroit ſans pleure,
ſi au premier cas, nous faiſions ſaigner
de lautre bras, du coſté ſain de la pleureſie; & au ſecond cas, nous faiſions ſai
gner auiourd’huy d’vn bras & demain
de lautre, & vſions de tels remedes ou
ſemblables par dehors & dedans à la
Pneumonie, que nous faiſiōs aux pleu
reſies, nourriſſant les malades de petis
potages faictz tantoſt auec vn poulet
& du veau, ou du moutō, tantoſt auec
du beurre: ou cuiſions Bourraches, lai-
ctues, vinette, & pourpier, nous leur
faiſions auſsi prandre de la Gelee, du
conſommé, & des orgemondés, & des
ſalades doranges auec eau roſe & ſu-
cre.   Vous auez entendus à quelles
Coqueluches, nous ne faiſions rien, &
à quelles nous donnions Medecine,

& faisions saigner vne foys ou deux,
& l'opinion du vulgaire qui s'est per-
suade qu'il ne failloit rien faire à telles
maladies est pourueue (ainsi que l'on
dict) de Paris, où les Coqueluches sont
pestilentes, esquelles la saignee est d'ā
gereuses, si elle n'est faicte auparauant
que le patiét ayet dormy. I'ay desduit
toutes ces raisons en noys commentai
res du pourpre, qui eut son cours. 1557
Parquoy ie ne passeray oultre. Voyla
ce que i'ay pance vous departir comme à mon bon amy, de tout ce que i'ay
peu entendre tant auec mes colle-
gues, qu'auec mes experiences parti-
ticulieres, Saluant vos bonnes graces
de mes humbles recommandations,
Priant Dieu.

Monsieur vous donner en tres-
bōneſ sancté, bonne & lon-
gue vie, de Poictiers ce 15.
d'Aoust. 1580.

ADVERTISSEMENT

TRES-VTILE A CEVX QVI

auroient eu la Coqueluche, &
n'auroient esté purgés.

Epuis ma lettre escripte ie viens de rece-
puoir certains discours des maladies de gés
notables, tant de la Rochelle, de Partenay,
que de Myrebeau : lesquelz ayantz esté par cy de
uant trauailles de la Coqueluche par cinq ou six
iours, & ayáts prins aucüs remedes, & s'estátz trou
uez assés bien par huict ou dix iours, allantz & ve-
nátz à leurs affaires, & ayantz recouuert l'appetit:
sans grande cause externe, aulcuns seroiét tumbes
en vne grande Iaulnice de tout le cuir, auecqnes
toux, courte hallaine, fiebure continue léte, & fort
grand degoust en cest accident est tumbee vne ex
cellente Damoiselle aagee de soixante & neuf ans
Ieanne Micheau, dame de la Berlandiere, & du fief
de loué à Thairé en aulnis, que i'ay bien voulu nó
mer par honneur, à causé des rares vertus dont elle est accompaignee) Les aultres seroient tumbés
en Caquesangues ou dysenteres cruentes, auecc-
ques inquietudes, Inapetance, frustration du dor-
mir, & douleur de tous les membres comme est de
present affligé Mósieur Barrotin Senechal de My
rebeau. Les aultres ayátz retenuz l'humeur qui e-
stoit tumbé par la Coqueluche, dedans les poulmons sans l'auoir expectoré & rendu par la toux,
peu apeu tel humeur s'est putrifié, & à faict vne vo
mique, ou apostume laquelle estant venue à suppu-
ration, se seroit creuee : & la boue ou pus rentrant

dedans les bronches, & vaisseaux du poulmon, les auroit tellement bouchés, que le cœur ne s'euentillant plus, soubdain le patient seroit estainct: Ce que ie vous ay bien voulu escripre, affin que renmōstrés plus hardiment à voz malades:& principallement à ceux qui ne veullent vser daulcuns remedes, que s'il suruenoit quelqué d'anger de peste dōt nous sommes fort menacés si Dieu n'a pitié de noⁿ qu'ilz seroient piustost preparez à receuoir la contagion, que non ceulx qui seroient purgés & nettoyés. Et parce que c'est vne cause certaine de maladie & necessaire de la mort, laquelle toutesfois se peut cuiter que l'amas & abūdance des humeurs estranges estantz dedans le corps:& aussi que Hippocrate nous à laissé par escript, que les humeurs qui sont restátz apres la maladie, coustumieremēt sont cause de la recheuté que telz ayent a penser à ceux, & si lz ne peuuent prandre Medecine, qu'ilz prennent quelques Clysteres, ou bouillōs, esquels cuiront petites maulues blanches, feuilles de Viollettes de Mars, bettes, choux rouges, Bourraches, Mercurial, auecques vn peu dilope. Lesdicts bouillons seront faicts auecques du beurre, ou auecques vn poullet, ou vn pigeonneau, & faudroit cōtinuer tels bouillons par huict iours, & si le ventre estoit par trop dur, fauldroit y adiouster vne fois ou deux trois dracmes de sené, plus ou moins, selō l'aage la complectiō, & vertu du patient. Et iaçoit que tels remedes ne soient suffisantz ny propres à tous, toutefois cest pour m'accōmoder à ceux, qui se font si delicatz, & esquelz les medicamētz leur viennent tant à contre cœur, qu'ilz ne vouldroyent aucunemāt le contraindre à prendre quelque Medecine, en quelque forme que ce soit.

F I N.